教師に元気を贈る56の言葉

山田洋一 著

黎明書房

歩き続ければ必ず辿り着ける。

はじめに

本書は、教育格言を満載した本です。

当初、編集者から本の内容を提示された際、私は躊躇しました。

教育格言の本というと、偉大な教育者や教育評論家が編纂したものを真っ先に思い浮かべたからです。

とてもそんな本は書けないと考えたのです。

教師としてもまだまだ、人間としてもまだまだの自分が人の仕事や人生に示唆を与えることはできない、と。

しかし、編集者の「現場で困っている先生方を元気にしたり、勇気づけたりする教育格言を」との言葉にそうした考えは改まりました。

年齢的には中堅教師の私が、現場で、もがきながらつかんだ「格言」を、生のエピソードとともにお読みいただくことは、困難な状況にある先生方への、勇気づけになるかもしれない、と。

はじめに

私は、いくつかの単著のある教師ですが、決して特別な教師であるとは思っていません。

現場では、子どもや保護者との関係づくりに腐心し、悩むことも少なくありません。

また、若いときはもちろん、現在でも自分自身で納得できる仕事ができているかといえば、そうとは言えません。

そんな普通の日常を過ごしている教師です。

もちろん、そうした教師が書く格言は優れていないという考えもあるでしょう。しかし、読者とほぼ同様の日常から生まれた格言であるからこそ、本書は皆さんのお役に立てることと確信しています。

この本は、読者の一番近くにいる教育格言の本です。

二〇一二年一月二十七日

山田洋一

もくじ

第4章 仕事術

第6章 自分自身 101

第１章

子どもとの関係

1 愛に必ず隣あり。

A君の名前は学校中にとどろいていました。やんちゃで、なかなか大変な子だということが私にも分かっていました。私は、春休み中、多少の緊張感をもちながらいろいろと思案しました。A君をどのように指導していけば良いのか、と。しかし、どうにも良い案が見つからないのです。

そこで、視点を変えて、今までの担任がしてこなかったことは、いったいなんだろうと考えてみました。これにはすぐに答えが見つかりました。

私は、学級開きでいきなり彼について話しました。

「A君、君は三学期、廊下で泣いている一年生から、じっくり話を聞いてあげていましたよね。あれが高学年の行動というんですよ。四年生のころからもうできていましたね。」

それから、私は一日三回は彼をほめ、小さなミスについては、叱るのではなくフォローをしました。筆記用具を忘れた時には、なにも言わずそっと机の上に置いてあげました。すると、徐々に彼の態度が変化していきました。周囲の子どもに向けるとげとげしい言動も減っていったのです。さらには、周りの子どもたちも彼を嫌がらなくなっていき、彼は孤独ではなくなっていきました。

子どもを変容させる第一の条件は愛情であり、愛情で満たされた子どもは自然と周囲への愛情を持つようにもなるものです。そして、教師がその子にかけた愛情は、必ずその子を通して周囲へと広がっていきます。

八年後、成人式で私は彼と再会しました。彼は無言で私を抱きしめたのでした。

行動へのヒント　子どもの小さな行いを取り上げてほめ、子どものミスには叱責ではなくフォローで対応する。

2 九割のフツーの子を忘れてはならない。

ある年、前年度荒れていたという学級を持たせてもらうことになりました。多少緊張はしましたが、私はいままでの学級経営である程度の成果を自覚していたことからも、かなり自信がありました。

私は、前担任から引き継ぎを細かに受けました。そして、やんちゃな子何人かに目星をつけ、その子たちを徹底的に指導するという方針を固めました。

「徹底的に指導する」と言っても、決して厳しく指導するというのではなく、その子たちをほめ、その子たちに立場を与え、表舞台に立たせてあげるよう配慮したのでした。

そうした方針は当初大当たりをして、学級はミルミル変わっていきました。

ところが、秋の学芸会前後から学級の様子がおかしくなっていきました。問題が起こり、保護者からの相談が多く舞い込むようになったのです。

それも、以前荒れていた子からではなく、いわゆる「フツーの子」の問題でした。私はその時点で初めて気がついたのでした。

私が、やんちゃな子をなんとかしようとし過ぎたばかりに、ひたむきにがんばってきたフツーの子たちに、寂しい思いをさせてきたということにです。

対応が難しい子どもたちを指導している間、それをじっと待ち、がまんしてくれていたのは、まさにフツーの子たちでした。

そうした子たちのへの感謝を私は忘れてしまっていたのでした。

一割のやんちゃな子を大切にすると同時に、九割の努力をひたむきに積み重ねているフツーの子のことを、忘れてしまっては、学級経営は立ち行かないのです。

行動へのヒント　当たり前の努力をしている子を、大きく取り上げほめてあげるようにする。

3

教育とは、すなわち人生への信頼である。

私が若いころから続けている実践に、名詩文の暗誦があります。年間二十程度の詩文を子どもたちに与え、締め切りを決め、暗誦させるというごくごくシンプルな実践です。

多くの子どもたちは締め切り通りに合格していきます。ところが、中には締め切り通りに覚えられない子がいます。さらにその中には、暗誦がとても苦手な子どももいます。締め切りを延ばしてもなかなか覚えられないのです。

そこで、親御さんに連絡をして、放課後私がマンツーマンで覚えさせるということになります。

口づてに覚えさせる、まず行頭だけを覚えさせる、絵を思い浮かべさせてイメージで覚えさせる、書かせる、語呂合わせ……。ありとあらゆる方法を駆使して覚えさせます。そして、暗誦できた時には、教室の外は真っ暗なんていうことも時にはありました。そんな時、私は「こんなにこの子をがんばらせることに意味があるんだろうか」「この子はどうしても苦手なんだから、もうこの辺でいいんじゃないだろうか」なんていうことを思ったりもしました。ついつい弱気になるのです。それでも、いつか人生のどこかでこのことが役に立つときがくると信じて、卒業までこうした「特訓」を続けました。

そうした子の一人が、卒業して二年ほどが経ち、母親と再会したことがありました。母親が言うには、新入生歓迎会で我が子が言った「歓迎の言葉」が中学校の先生方に絶賛されたというのです。全文をノー原稿でスピーチして素晴らしかった、と。そして、子どもが「これは、山田先生のお陰だ」と言ったというのです。

行動へのヒント　自分が教えたことが、その子の人生に役立つときがくると信じて指導にあたる。

4
子どもの心は見ているものに染まる。

私には大学を卒業してすぐに二年間幼稚園教諭として働いていた経験があります。幼稚園ですから、教室の掃除は、放課後に教師が行っていました。いつものように、私が放課後教室を掃除していると、ある先輩が私の教室に来て、こう言いました。

「先生の教室、汚いねえ。」

そう言うと彼女は、雑巾を片手に教室のあちこちをふき始めました。さらに、今考えると背中に冷や汗が流れるような感じですが、それから一週間ほど、その先輩教師は私の教室に来て、各箇所の掃除の仕方やコツを伝授してくれたのでした。

黒板のふき方、掲示物の留め方、ストーブの手入れの仕方、ほうきでのゴミの集め方と、実に丁寧に細部にわたって教えてくれました。

そうしてきれいになっていった教室で、実はある変化が起きました。子どものけんかが減っていき、笑顔が増えてきたのです。これに私は大変驚きました。教室環境が子どもの心に大きく影響しているということを身をもって感じたのです。

子どもたちを落ち着いて生活させるには、もちろん自分の教育技術を磨くことを忘れてはいけません。しかし、それは一朝一夕にはいかないものです。

しかし、掃除なら……。

行動へのヒント

落ち着いた教室をつくりたいなら、まずは掃除を徹底的にする。

5 担任とは、その子のことをもっともよく知ろうとしている教師である。

四月の始め、子どもにこんなふうに話しかけます。

「サチコさんさあ、今日はお母さんは、朝、家にいたかな？」

子どもは怪訝そうな顔つきで私の顔を見ると「どうして？」と尋ねます。

私はこんなふうに答えます。

「だってさあ、サチコさんのお母さんは、看護師さんでしょう？　夜勤の時は、サチコさんは朝ご飯どうしてるのかなあって、先生、心配になっちゃってねえ。」

子どもは、「なるほど、そういうことか」という顔をした後、とても嬉しそうな顔で「そういう時は、お母さんがおかずだけ冷蔵庫に入れていってくれるの。ご飯はね、お父さんが炊いてくれるんだよ」と答えてくれます。

このように、子どもは教師が自分のことを知ろうとしてくれることに、この上ない喜びを覚えるようです。

そして、このような会話を普段からしておくと、子どもはなにかあった時に、教師になんでも話してくれます。

例えば、先ほどの子は、「昨日ね、お母さんがお仕事に行く時、すごく怒られちゃって……お母さん、もうゆるしてくれてるかな……」なんていうことも話してくれました。

子どもがすぐれない表情をしている時、その原因がなんであるのか、そのことを、知っている担任でいたいなあと、いつも考えています。

行動へのヒント

子どもの生活の細部について、子どもに尋ねてみる。

6

見える姿から、見えない姿を見る。

例えば、頭痛がして病院へ行きます。

医者Aは、「痛み止めを処方しましょう」と言います。

医者Bは、「風邪の症状もないし、どこかにぶつけたということもないようですね。あと心配されるのは、頭の中の病気ですが、念のためMRIなど検査等をされますか」と言います。

さて、対処療法で処置しようとする医者と、原因をできる限り探ろうとする医者のどちらを、みなさんは信用するでしょうか。

いつも、大変姿勢のいい子が、姿勢を崩して座っています。

教師Aは、「姿勢を正して座りなさい」とだけ言います。

教師Bは、その場で「姿勢を正して座りなさい」と言った後、休み時間に「どうしたの？　いつも姿勢よく座っているのに、今日は珍しいね」と声をかけました。どちらが優れた教師の仕事と言えるでしょうか。

実は、様々に現れる子どもの問題は、たったひとつのことを原因としていることが少なくありません。

例えば、問題行動をくり返す子の原因が、結局のところ「先生に認めて欲しい」という欲求が満たされていないことであるというようにです。水面上に見える氷山のいくつかが、水面下では実はひとつの氷塊であるというたとえがぴったりとくるようにです。

そして、本質的な指導とは、もちろん水面下の氷塊を意識して行われるものです。

ですから、子どもの見える行動をとらえて、その原因を探ることが教室では重要なのです。

行動へのヒント

子どもの見える行動に対して常に心中で「なぜ」と問う。

7 対処教育より、予防教育。

明日から三連休という時に、私は帰りの会で次のような話をします。

「明日から三連休ですね。友だちとどこかに遊びに行こうと考えている人たちもいますね。三年前のできごとです。校区外の○○デパートに子どもたち二人だけで遊びに行った人がいました。もちろん、校区外ですから行くこと自体が禁止されています。それでも行ったんですね。しかも、ゲームコーナーに行ったんです。そうしたら……悪い高校生が来て、お金を貸してくれって……。助けを呼べばよかったんですが、自分たちはルールを破って校区外に来ているからね。そのままトイレに連れ込まれて、蹴られて、お小遣いをとられて……。きまりだから守らなきゃならないよということはもちろんだけど、先生は、みんなが蹴られたり、お金をとられたりっていうことが、心配なんだよねえ。」

　こうした話を、連休前にはエピソードを変えて話します。こうした事前指導にはかなり効果があります。校区外に出ようとしている子も、思いとどまるようです。

　もしも、こうした予防となる指導を怠って、ことが起きてしまった場合を考えてみましょう。あなたは、情報を集めるためにいろいろな人に話を聞かなければならない上に、電話をかけたり、時には出向かなければならないかもしれません。時間がかかる上に、精神的なストレスも大きいはずです。そして何より、あなたの教え子が誰かを傷つけたり、あるいは傷つけられたりすることが悲しいですね。それならば、やはり未然に防ぐのが最善策ですね。

行動へのヒント

危険予測能力を高め、予防教育に時間を割く。

8

たったひとつの小さなことを徹底する。

私は、時々先生方の研修会で、「あなたが、今学級で取り組んでいることにはどんなことがありますか、ノートに書いてみてください」と言うことがあります。

すると、先生方の多くはたくさんのことをノートに書き始めます。制限しなければ無数にあげ連ねていきます。

続けて、「その効果はどうですか?」と私は尋ねます。もちろん、謙遜もあるでしょうが、多くの場合「思うように成果は上がっていない」と答えられることが多いです。あれもこれも手を広げ指導はしているが、その成果は今ひとつだというのが多くの教室の実状のようです。

私は、ある年、いわゆる荒れた学級を引き継ぎました。引き継ぎの際、問題は山積しているように思いましたし、手をつけて早急に解決しなければならないことも、山ほどあるように思われました。

しかし、私は、全員が日記を提出するということに真っ先に取り組みました。これなら、指導として難しいことではないし、子どもに徹底して指導できると判断したからです。といっても特別なことをしたわけではありません。日記を忘れた子を起立させ、理由を言わせ、明日は忘れないことを約束させただけのことです。

こうしたことを続け、時には厳しく子どもに迫ったこともありましたが、なかなか全員の日記がそろいません。結局、全員の日記がそろったのは日記を始めてから十日ほどたってからでした。「日記を忘れた人は立ちなさい」の言葉に誰も立たなかった時、子どもたちは自然と拍手をしました。なにかを全員で達成した満足感が教室に満ちあふれました。それ以来、提出物の集まりがぐんと早くなり忘れ物も減っていったのです。

行動へのヒント　一時期に、ひとつの小さなことに徹底して取り組む。

格言を書く効能

教師は子どもの人生を預かる仕事をしていますから，その責任の重さはいまさら言うまでもありません。一つ間違えれば命の危険に子どもをさらすような場面もあります。

そこで，自分の失敗を二度とくり返さないように，私は生（ナマ）の失敗経験を格言化することにしました。

まず，失敗経験を端的な格言にすると，忘れにくくなります。そのことによって，同じような場面に出会った時，以前の経験がすっと思い出されるようになるのです。

さらに，格言にすることは，「結局この失敗はなぜ起きてしまったのか」と，自分の失敗経験をメタ認知することにもなります。

そうすることで，自分が失敗から学んだことをもう一度くり返さないばかりではなく，より広いことがらについて，応用することができるようになります。

こうした点が，格言をつくることの効能です。

第２章

授　業

1 教師は常に評価者たれ。

ふつう教室では、「教師＝評価者」で「子ども＝被評価者」です。

教師は、子どもたちに「よくできたね」「この間よりずいぶんよくなったね」「もっとはっきりとした発音で話すとよいね」などの評価の言葉を送り、子どもたちを指導します。

しかし、いわゆる荒れた学級ではこれが逆になっていることが多いようです。子どもが評価者になり、「この先生、教え方が下手だなあ」「先生の言っていること、よく分からないなあ」「先生の説明は長くて嫌だなあ」なんて思ったり、時には口に出したりしています。

教師は、あげ足をとられないように緊張して子どもたちと向き合わなければいけなくなるといった具合です。

　こうならないためには、次のようなことが大切です。

教師の側からの一方的な長い説明や指示を避け、子どもの活動時間を長くする。授業中でも、生活指導の場面でも、子どもに多く活動させ、子どもを評価する側に、教師が常に立つ。

　そうすることで、子どもは教師に良い評価をもらうためにはどうしたらよいのか、つまり知識を増やすにはどうしたらよいのか、技能を向上させるにはどうしたらよいのか、正しい考え方をするにはどうしたらよいのか、という方向に心が向かうようになります。

　このように良い方向に向かおうとする「心向き」を子どもに持たせることが、学級を荒れさせないひとつのコツです。

行動へのヒント　短い説明・指示と、小刻みな評価をする。

2

できる子よりもできるようになった子を。

授業は、どうしてもできる子を中心として進みがちです。

問題を速く理解できる子、その問題に対して速く自分の考えをまとめられる子、そしてその考えを真っ先に発表しようとする子。

教師は、決められた進度がありますから、「なんだ、みんなもっと手を挙げようよ」と言いながら、結局できる子を指名して意見を言わせることが多いようです。

もちろん、そうした授業になってしまう事情も、私には痛いほどよく分かります。しかし、授業というのは、実は「できない子」のためにこそ重要な意味を持つのではないでしょうか。

例えば、教師が問題を黒板に書いただけで、解き方も答えも見当がすぐにつ
いてしまう子は、極端なことを言えば家で学習していても、できてしまう子だ
と言えます。

一方、教室にいる「一人ではできない子」にこそ、あなたの授業は必要です。
また、そうした子がもっとも教室で努力し、頑張っている子だとも言えます。
教師は、そうした子にこそ目を向け、励まし、どんなに小さなことでもよい
から良さを見つけ、ほめてあげ、成長を自覚させてあげなければならないので
はないでしょうか。

例えば、漢字の小テストでいつも満点の子どもに「君はいつも満点だなあ。
よく頑張っているねえ」という言葉と同時に、六十点の子どもに「君は前回よ
りも三十点アップだなあ」と喜べる教師でありたいですね。

行動へのヒント

「『できること』より『できるようになること』」を教室の合い言葉にする。

3 「一人」をほめる。

教師の常套句というのがあります。そのうちのひとつは、「いいですか」「いいでーす」というあれです。私も気をつけていますが、ついつい答え合わせをしていると口をついて出てしまいます。

こうした言葉や子どもとのやりとりをくり返すことは、周りと違うことはいけないことだという認識を、子どもたちに植えつけることになっています。

教室では、異質な意見ほどありがたい。そういう意見があるからこそ、反対意見が出たり、そのことによって議論が深まったりするんだよということを子どもたちに体験的に教えるべきです。

ある時社会科の学習で、「元からの使者に北条時宗はどのように応じたのか」

という問いを出しました。子どもたちは、「お酒やご馳走を出して大切にした」「お土産を持たせて帰らせた」等の意見を出しましたが、ヒロ君という男の子だけは、「きっと怒って、追い返した」と言って譲りません。これには、猛烈な反論がありましたが、それでもヒロ君は譲りません。

そこで、私が「実はヒロ君が言ったことが正しい」と告げると、子どもたちは大いに驚き、さらに、「そんなことをすれば、大変なことになりそうなのになぜなんだろう」と追究を続けていったのでした。私が、「ヒロ君がいてくれたから、勉強がすごく楽しくなったと思わないかい」と尋ねると、子どもたちは大きく頷いたのでした。

異質なものを大切に、さらには異質なものが生かされる授業ができればと思います。

行動へのヒント　たった一人しかいない意見を言った子を、取り立ててほめる。

4 自分を変えることで、相手を変える。

子どもが思うように変わらない。

学力を伸ばすことができない。

問題行動が減らない。

こういう時に、教師の人間性というものが露わになります。

ある教師は、それをどこまでも子どものせいにします。職員室でも子どもの悪口を言い、自分がどれほど一生懸命にしているのかを声高に言ったりもします。しかし、残念ですが、そうした教師が子どもを変容させるということは少ないようです。

逆に、それとはまったく正反対の教師がいます。そういう教師は、まず周りの教師に質問しに行きます。「物語の指導がどうしても上手くいかないんです」「子どもの忘れ物が減らない時はどうすればいいんですか」「絵の具の塗り方は何をどう指導すればいいのですか」というように、同僚の教師に尋ねて回っているのです。そして、教えてもらったことは、とにかくすべて実際に行って確かめていきます。

つまりは、まず自分の方法を疑い、改善しようとしているわけです。

自分の現在持っているやり方だけにこだわって、うまくいかなければ子どものせいにしている教師は、盲腸の手術の技術しか持たない医師が、胃潰瘍の患者に対して、「あんたはどうして盲腸じゃないんだ。盲腸なら治せたのに」と言っているように滑稽です。

子どもを変えるために、自分を変える覚悟を持ちたいものです。

行動へのヒント　うまくいかない時は、まず自分の教育方法を疑って、やり方を変えてみる。

5 教師の背中こそ、最高の「指導言」である。

国語科の自己紹介スピーチの指導の際、次のような話をしました。

「あす、スピーチをみんなの前で全員にしてもらいます。時間は、三十秒ジャストです。決められた時間にスピーチを収めることは、大切な勉強です。」

こう話すと、子どもたちからは一斉に「えー！」と声が上がりました。そこで、「先生がやってみせます」と言って、タイマーを三十秒にセット。子どもたちは、ここで一斉に黙り込んでしまいます。「先生も三十秒でするの？　え、まさか……」という雰囲気になります。

「私の名前は、山田洋一です。趣味は読書をすることです。特に好きな作家は……」

話し始めると、子どもたちに緊張が走ります。私より緊張しているようです。本当に三十秒ジャストで話せるのかを固唾をのんで見守っているという感じです。「……これから、一緒に勉強していきましょうね」としめの言葉を言った途端に、タイマーがピ、ピ、ピ、ピ、ピと鳴ります。子どもたちの緊張がほぐれると同時に、拍手と「すごーい！」という歓声。

そして付け加えます。「先生は、二十四回練習しました。十回目までは、なかなか言葉が出てきませんでした。十五回目までは、ジャスト三十秒になりませんでした。あと九回は念のための練習です。大人でも、二十四回かかりました。みんなならら何回でしょうね。」

もう不満そうな子はいません。自分にもできるかなという表情になっています。言葉で指示することも大事です。しかし、実際にやってみせることが一番大事です。教師の努力している姿こそが、最高の「指導言」なのです。

行動へのヒント

子どもにさせるいくつかを、事前に教師が、してみせる。

6 子どもが伸びる方法が、最高の指導法。

以前勤めていた学校の先生からうかがった話です。

学年を組んでいた先生の教室をのぞいてみたら、どうも授業が上手くいっていなかったというのです。子どもたちにいきいきとした感じがなく、どこか重たい教室の雰囲気。そこで、彼女は、放課後率直に、しかし丁寧にその若い先生にアドバイスしたそうなのです。

すると、彼は、「この方法は、○○方式と言って、全国で多くの子どもたちを相手に効果を上げた方法だから、間違いありません」と反論したというのです。

私は、こうした若い教師の話を、たびたび耳にします。彼らは、「○○方式」

や「○○メソッド」というものの権威によって、自分の指導を正当化しようとしているようです。

特効薬を手っ取り早く手に入れたいという彼らの気持ちはよく分かります。また、若い時は「効果がある」という様々な方法に心酔することもとても大切なことだ、と私は考えています。

しかし、目の前の子どもたちを忘れてはいけません。自分が信じていようがいまいが、目の前の子どもたちにその効果がなければ、その方法を続けてはいけないのです。逆に、自己流のスマートではない教え方でも、子どもに効果があれば、その方法は子どもたちにとって値打ちのある方法だと言えます。

子どもが伸びる方法が、最高の指導法なのです。

行動へのヒント

たくさんの「○○方式」「○○メソッド」を手に入れることは大切。でも、あくまで子どもの事実によって評価する。

7 愚直な努力の積み重ねによって、子どもの事実をつくる。

算数が苦手なSちゃんがいました。Sちゃんは、とにかく算数が苦手で、大嫌い。

私が担任して、初めての算数授業の前にわざわざ私のところに来て、「先生、私ねえ、算数が大嫌いなの！」と言いました。Sちゃんは、算数の時間が不安だったに違いありません。あまりに苦手で、ひょっとすると新しい担任に嫌われてしまうと思ったのかもしれません。

前学年までの学習内容の理解度をみるテストも、残念ながら白紙で提出されていました。

そんなSちゃんに、私は理解できなくてもよいから板書をきれいに写すこと、それを家に帰ってもう一度違うノートに写すことを指示しました。

お母さんからは、「先生、分かっていなくてもよいのですか」「写すだけで本当によいのですか」と尋ねられましたが、「大丈夫です」と答えて、「続けられるよう励ましてください」とお願いしました。

一学期は、その効果が見えることはありませんでした。しかし、Sちゃんも続けましたし、私も板書を写したノートを点検して、花丸を書き励まし続けました。すると、それまで十点台だったテストの点数が、十二月には六十点になり、一月には八十五点。そして、三月にはとうとう初めての百点をとったのです。「Sちゃん……百点！」と言った時、Sちゃんは本当に椅子から跳び上がって喜んだのでした。

行動へのヒント　その子のできることを、まずは百日間、励ましながら続けさせてみる。

8

行事が近づいた時こそ、一、二時間目の授業を充実させる。

行事が近づいてくると、子どもが落ち着かなくなる。行事の前後には生徒指導上の大きな問題が起きやすいから気をつけろ。こうしたことは、残念ながら現場の常識として語られています。

しかし、この荒れの原因をつくっているのは誰かというと、多くは教師のような気がします。例えば、次のようなことはないでしょうか。

・朝の会に行事練習をしていて、一時間目が半分になる。
・行事の準備に追われて、授業の準備がイマイチ。
・子どもを鍛えようという意識が強くなりすぎて、ついつい追い込む指導になりがち。

・予定や時間割の変更が度重なる。

特に、行事によって授業が圧迫されると、口に出して言わなくても、授業より行事が大事という意識を子どもたちに持たせることになります。このことによって、子どもたちが授業を軽んじるようになるのは当然です。

私が、教務を担当した時に、一、二時間目には行事の練習を入れないことを全校で申し合わせたことがあります。そうすると、行事によって校内が落ち着かなくなるといったことは、まったくありませんでした。

行動へのヒント

忙しい時こそ、授業を充実させる。

なぜ格言を書くようになったのか

私は，以前から教育に限らず格言というものを読むのが大好きでした。哲学的思考，短文的表現を好むからでしょう。いままでも古今東西多くの格言に触れてきました。

そして，当たり前ですが，その中にはしっくりくるものと，そうでないものがありました。また，しっくりこないだけではなく，正反対の実感を持っているものさえありました。

そんな時，私は経験に合致するように格言をつくり替えていました。これが，自ら格言をつくり始めたきっかけです。

ただ，そうしてつくるだけでは，格言は個人的なものになってしまいます。そこで，私は，それらをブログで公開することにしました。

もちろん，私の教育格言がすぐれているとも思いませんし，万人にしっくりくるものでないことも分かっています。

しかし，どなたかが共感してくださり，お役に立てるなら，それは幸せなことだと考えています。

こうしたことで，私は教育格言を今日までつくり続けているのです。

第3章

成長・成功

1 なにもできないけれど、なんでもできる。

教師という仕事が、どんどん難しくなっています。自分の仕事への自信を失ってしまうことも、少なくないでしょう。時には、子どもに対して自分ができることの小ささに愕然とし、立ちすくむこともあるかもしれません。

しかし、こんなふうに考えてみてはどうでしょう。

「なにもできないけれど、なんでもできる。」

学校現場にいる教師の特権は、その子に対して、ひょっとしたら効果がないことかもしれないけれど、なんでもしてあげることができるということです。

私は、ある年、低学年を担任しました。そのクラスには、Sちゃんという家庭的に難しい状況を抱えている子がいました。家に帰ってからのことまで、教師としてはいかんともしがたく、私は、普段から忸怩《じくじ》たる思いを持っていました。

しかし、私は、自分がやれることをいろいろと考えて、結局、毎日彼女を思い切り高く持ち上げて、そしてギュッと抱っこしてあげることにしました。

なんの意味もないかもしれないけれど、なにかをしてあげたいという切実な思いから、私が思いついたことでした。それが、Ｓちゃんにとってどの程度の慰めになるのか、勇気づけになるのかは分かりませんでした。

その子は、結局、数ヵ月で転校してしまったのですが、その日まで毎日抱っこを続けました。高校生となったSちゃんに、私は再会をしました。すると、「先生、よく抱っこしてくれましたよね」と、あの時のことを覚えていてくれたのです。

なにもできそうにないから、諦めてしまうというのではなく、うっすらとした希望でもあれば、なんでもやってみるということが、教師の努めなのだと思います。

行動へのヒント　子どもを少しでもよくするためならなんでもしてみる。

2

なにか意味がある。

私は、幼いころからの夢を実現して教師になりました。自分で望み、幸いにして教師になれたタイプの人間です。しかし、そんな私でも、「もう辞めてしまおうか」と思ったことはあります。それも一度ではありません。

そんな時、私は、「私が教師になったのには、きっとなにか意味がある」と自分に言い聞かせるようにしてきました。

どんなに教師になりたくたって、なれなかった人もいる。そして、はじめからなろうと思わなかった人もいる。

あまたある職業の中から、自分が教師という職業を選び、実際になれたということには、なにか意味があると考えるのです。

自分が出会うべき人が教育の世界にいる。自分に出会うことを待っている子どももまだいるのだということ。

また、今関係がうまく結べていないあの人の人生においてだって、私という教師に出会うことには、なにか意味があるはず。

そう考えると、上手くいかないいろいろなことにも、きっとなにか意味があると思えるのです。

自分の成長が実感できないあせり。

自分の愚鈍さに対するイライラ。

子どもと分かり合えない絶望感。

保護者に伝わらない悲しさ。

そうしたことを感じた時、どう解決するかと同時に、今自分はなにに気づけばよいのか、なにに気づくための試練であるのかを考えるようにしています。

行動へのヒント

この試練が示してくれている教訓はなんであるのかを考える。

3

過去が現在になっている。現在が未来になる。

今自分が持っている指導の技術、そして仕事のスキル。翻ってみると、そうした一つひとつが、あるピンチによって身についたと、思えることがあります。

手を焼いたあのやんちゃ君。当時は、毎日が真剣勝負で緊張していました。しかし、そのお陰で、今ややんちゃな子と付き合うのが嫌ではない。むしろ楽しみながら付き合えています。

何度も不備を指摘されて書き直した指導案。時には徹夜をして書き上げたこともありました。「書き直し」とまた言われるかと思うと、指導案検討会に参加するのは、気の重いことでした。

しかし、そのお陰で今は若い人たちに指導案の書き方を教えられるようにまでなりました。

過去の苦労は決して無駄ではありません。それは、自分のスキルを高めるためのチャンスだったのです。

そして、今の苦労。

それこそ、未来の自分をつくるためのチャンスなのでしょう。

行動へのヒント　今、目の前にある困難を乗り越えた時、どんな自分になっているのかをイメージしてみる。

4 ひとつの目標を立てずに、ひとつのことを行う。

目標を決めることは悪いことではありません。

しかし、目標を立てるだけで満足してしまって、現実には何も変えられていないというのは、やはり残念です。

特に、几帳面な人は、目標を決め、計画を立ててから実行しようとする習慣を持っているようです。

ところが、これがなかなか上手くいかないという人がいます。

なぜかというと、目標の設定が上手くいっていないからなのです。

目標が大きすぎたり、目標が遠すぎたりするのです。

そうした目標は、すぐに成果を実感することができません。だから途中でやる気を失ってしまう。

私たちの脳は、意外と単純です。成果が見えればやる気になり、成果が見えなければやる気がなくなります。

もしも、目標を決め、計画を立て、実行するという習慣を持っているのに、ことが上手くいかない人がいたら、思い切って、目標を決めたり、計画を立てることを後回しにすることをお勧めします。

まず、行動すること。しかも、すぐに成果が見えることを行う。

教室では、掃除を徹底的にする、朝玄関に立って大きな声で子どもにあいさつをする、掲示物をきれいにつくり替えてみる。

たったこれだけのことですが、子どもはきっとあなたに何らかの反応を示してくれるでしょう。

このような具体的な行動が、実感できる成果となって現れる時、あなたは、間違いなく成長しているのです。

行動へのヒント

たったひとつだけ、自分の行動を具体的に変えてみる。

5

やりたい仕事をやれるようになる近道は、アイツに任せたいと、思わせること。

不思議なもので、一番やりたい仕事というのは、なかなか自分のところにまわってきません。

低学年の担任になりたいなあと思っていても、続けて高学年の担任を任されたり。研究の仕事に興味を持っているのに、生徒指導部に長く在籍したり。とかく、仕事の上でのポジションや役割というのは思い通りにいかないものです。

ある年、ちょっぴり大変だった六年生を卒業させ、低学年担任の経験がなかった私は、「次こそは、一年生の担任だ！」と意気込んでいました。

ところが、校長からは、再度六年生の担任を命じられました。

内心、残念な思いはありましたが、一年間、懸命に学級づくりをし、気持ちのよい卒業式をむかえることができました。

　そして、卒業式の二日後には、「六年生の一人ひとりにしてきた細やかな心遣いを、一年生にもお願いします」と校長から一年生担任を申し渡されました。自分のことは分かっているようで分かっていない。周囲の人は見ていないようで見ている。こういうことなのでしょう。もしも、あの時すぐに一年生の担任を言い渡されていたら、私は「高学年は、大変だなあ」といって、その後も、高学年の担任を避け続ける教師になっていたかもしれません。

　そして、もしもかたくなに六年生の担任を引き受けなければ、人間関係にも波風が立っていたことでしょう。そのことが、教室での仕事に影響を与えないわけがありません。

　やりたい仕事をやるには、「アイツに任せてみたい」、そう思ってもらえるような努力をするのが最善と言えるのです。

行動へのヒント　与えられた仕事に全力を尽くす。

6

「うまくいかない」から先が、教育実践をつくるということ。

少なくない努力をしている教師は、ある時期、自分にしっくりくる方法を手に入れます。

そして、しっくりくる方法を手に入れた教師は二通りに分かれます。

一方は、それでも「もっとしっくりくる方法を探す」タイプ。

もう一方は、「それで満足してしまう」タイプ。

前者は、しっくりくる方法を手に入れても、それが子どもたちに成果を上げているかどうかを検証することに熱心です。

しかし、後者の教師は、子どもの成果より、自分が円滑に仕事を運ぶことに興味があるのでしょう。ですから、それ以上を求めない。

私は、若いころから、月給の二割ほどを本代につぎ込み、教育系の研修会にもたびたび参加してきました。

そうすると、人から教えていただいた方法で、自分の教育実践がグンとよくなることを自覚することも多くありました。

しかし、人から教えていただいた方法だけでは、太刀打ちできない状況も教室では起こりました。当然のことですが、子どもの実態、教室の状況、自分のキャラクターなど、細部が違うからです。

たしかに、たくさんの教育方法を知るということは、最低限の努力として行うべきです。しかし、それを金科玉条のように大切にして「この方法で必ずうまくいくはずだ」と、人から教わった方法を疑わないのは間違いでしょう。

人から教えていただいた方法では上手くいかないときがあります。そこから先が、その教師の努力ですし、教育実践をつくるということなのでしょう。

行動へのヒント　うまくいかない原因を徹底的に検証する。

7

「やってみます」が言える教師は伸びる。

私のようなものでも、人から頼りにされ、時々アドバイスを求められます。

人から尋ねられるということは、自分の価値を認めてもらえている証のようで、とても嬉しく、有り難いことです。

ところが、アドバイスした後、そうした嬉しさを感じない場合もあるということに気づきました。

ひとえに自分のいたらなさだと思っていましたが、どうしても気になり、なぜだろうと、分析してみることにしました。

すると、原因が分かったのです。

その相手は、私が何かアドバイスすると、「それは、やってみたんですけど、ダメだったんですよねえ」「うちのクラスじゃそれは無理だと思います」「でも、それはしたくないんですよ」という言葉を連発するのです。

そうすると、はじめは助けてあげたいなあと思っていても、話しているうちに、「自分にはアドバイスできることがないなあ」「本当にちゃんとやったのかなあ」なんていう気持ちになってくるのです。

改めて言いますが、こういう感情を持つのは私のいたらなさです。しかし、この人に喜んでアドバイスする人は、そう多くはないでしょう。こうした教師のところには、人も、すぐれた教育の方法も集まってこない。

アドバイスを求められたら、「ありがとうございます！　すぐにやってみます」と言えることが、大事。もちろん、ウソでもいいから言えというのではありません。しかし、そのくらいの方便が同僚に言えない人は、やはり成長できないと私は考えます。

行動へのヒント

「やってみます」「ありがとうございます」を口癖にする。

8 成功とは、失敗によって残ったものである。

どんなカリスマ教師でも、失敗してこなかった人はいません。

まして、私のような凡庸な教師ならなおさらなことです。

いつも失敗をして、反省することが多いです。

そして、どんな方法で指導すればよいのかに悩むことも少なくありません。

しかし、そのたびに思うことは、「失敗したからダメなんじゃなくて、失敗したからダメな方法がひとつ明らかになった」ということです。

たしかに、いろいろな方法を試さずに、最初にとった方法が成果を上げれば、それに越したことはありません。

しかし、私は、凡庸な教師です。

その私が教育をしているのですから、いろいろ試すうちによい方法が見つかればよいのだと思うのです。

私のような教師が、人並みに現場でやっていけるようになる、唯一、最大の近道は、いろいろと試して、失敗を積み重ねることによって、成功に少しずつでも近づくことだと考えています。

つまり、私にとっての「成功」戦略とは、早くよい方法を発見することではなく、失敗を明らかにしながら、ゴールに着実に近づくということなのです。

行動へのヒント

ある課題に対して、一週間ある方法を続け、検証する。

教育格言の効き目 3

教育格言はどうつくるのか

教育格言は，自分にしっくりくるものをつくればいいのです。もっと言うと，自分にだけしっくりくるようにさえつくればいいのです。誰のためでもなく，まずは自分のため。

しかし，そうは言っても，長すぎると覚えきれない，覚えていられないから自分にとってさえ役に立たないということにもなります。

まずは，短くつくるということ。その次に，レトリックを多用して，遊び心いっぱいでつくるということです。インパクトがあると，自分の脳にとどまりやすくなりますから。

次に，「毎日１個つくる」「毎週１個つくる」「月水金は，教育格言をつくる日」のように自分にノルマを課すことです。

教育格言をつくらなければならないと思うと，日常のできごとをメタ認知して，解釈するクセがつきます。

そして，最後に学級通信でもブログでもよいので，人に読んでもらう機会をつくることです。目的のない行為はどうしても続けにくいし，何より安直になりがちです。

せっかくの格言も質の低いものになってしまいます。

第4章

仕事術

1

昨日より、数ミリだけでも良くする。

成功するためのストラテジーとして、長期目標、中期目標、短期目標を設定すると良いと、ビジネス書には書いてあります。

もちろん、そうした方法が、しっくりと来る人もいるでしょう。また、そうした方法で教師としての力量を高めている人もいることでしょう。

しかし、中には、長期の目標を掲げて、そこになかなか辿り着けないため、いらだちを覚えたり、あまりに長期にわたる取り組みにモチベーションが下がったりという人もいるはずです。

そういう人、そういう時には、長期目標をいったん忘れて、思い切り短期目標だけを、意識するということを勧めます。

そして、その時の短期目標は「昨日より、数ミリだけでも良くする」です。自分の教育実践の一部でも、一分一秒でも、昨日より良くすることを心がけてみましょう。

例えば、子どもにかける朝のあいさつの声を変えてみる。黒板の文字を丁寧に書いてみる。算数の問題文を事前に暗記してみる、など。

全体は、所詮部分の蓄積でしかありません。一部改善を積み重ねることで、あなたの全体は必ず良くなるのです。

放課後、教室で自分の実践を振り返ってみましょう。すると、確実に昨日よりはよくなった自分が発見できるでしょう。

たしかに、大きな進歩ではありませんが、あなたが少しずつでも確実に成長しているという実感は、あなた自身をとても元気にしてくれるはずです。

行動へのヒント　今日、すぐに改善できる点に、ひとつだけ取り組んでみる。

2 弱さは、強さ。

亡くなった私の父は、私が教師になった時に、こんなことを言いました。

「落ちこぼれだったことを、忘れるな。」

続けて、私が保育園に通っていた時、年長クラスで一番最後に縄跳びができるようになったという話を、ニコニコしながら語って聞かせました。

一見、子育てに無関心であるように見えた父が、そんなことを記憶していたことや、そのことを知っていたこと自体に多少驚きながら、当時の私は、苦笑いしながら軽い気持ちで聞いていました。

ところが、この「落ちこぼれだったことを、忘れるな」という言葉を、私はそれからたびたび思い出しました。というのは、教師という仕事では、「できない子の気持ち」を理解することが、とても大切だったからです。

それも、「分からない子の気持ちが分かる」などという程度の浅い感じではなく、です。それはもう、「心《しん》から」「芯《しん》から」「深《しん》から」「身《しん》から」分かっていることが大事なのです。

「わからない・できない」ことの辛さ、居心地の悪さ、惨めさ……そういうものを、身をもって分かっていなければならない。そして、それを克服した時の喜びも。そういう意味で教師自身が「落ちこぼれ」であるということは、実に値打ちがあることのように思われたのです。

「わからない・できない」という、ふつう人生において「弱さ」と評価されるようなことが、教師にとっては「強さ」にも転化するのだと思うのです。

行動へのヒント

「できない子」に出会ったら、「できなかった自分」を思い出そう。

3 最も仕事の速い人と、同じ仕事をする。

若いころの私は、夜の九時まで学校で仕事をして、帰宅後、深夜一時まで仕事をし、翌朝七時には出勤しているという感じでした。それでも、できた仕事の量・質は、周囲の先生方の半分。

さすがに、三年目に突入したころ、このままではいけないと考えるようになりました。

そこで、職員室で最も仕事が速い先生と、同じ仕事をするという策を講じることにしたのです。

その先生が、算数の教材研究を始めれば、自分も算数の教科書を出す。学級通信を書き始めれば、自分もそうする。掲示物を貼れば、同様に。

効果は絶大でした。

中には、同じ時間で仕上げられないこともありましたが、私の仕事は格段に早くおわるようになりました。

仕事のコツが肉体化できたからです。時間の感覚が、体に染みついたという感じでした。

もちろん、それまで仕事術の本を読んだことはありました。速く仕事をおわらせるコツのようなものも、うっすらと頭にはありました。しかし、知っているコツを、実際に行動に移すということは、そう簡単ではありません。

それが、真似することによって、可能になったのです。

行動へのヒント

職場で、最も仕事の速い人と同じ仕事をする。

4

雑用という用は、この世にない。

私は、北の教育文化フェスティバルという教育サークルを、十年来、主宰しています。

このサークルには、二十代から四十代の北海道の教師が参加しています。総勢四十名です。

研修会を開催しようとすると、気のいい若い先生方が「雑用でもなんでも言いつけてください」というようなことを言ってくれます。

感謝を伝えた上で、私は「雑用っていう用はないんだよ」と伝えます。

「うるさいことを言うなあ」と思われるかもしれないですが、それでもこのことは伝えます。

そして、会場で、若い先生方には机と椅子をまっすぐに並べること、机上に配付してあるプリントはそろえること、受付は立ってすることなどを、指示します。

研修会に参加されている先生方は、ひょっとするとそのことに気づいていないかもしれません。

しかし、「気持ちのよい会ですね」と声をかけていただくことが多いです。

それは、あらゆる御用を心を込めて行っているスタッフの熱心さが、伝わるからだと思うのです。

用を雑用にしているのは、それをする人間の側の問題なのです。

行動へのヒント

小さな用を、心を込めて行う。

5 好きなことをする、これが最高の仕事術。

若いころは、とにかく周りの教師と自分を比べていました。

特に同じ世代の教師がしていることが、気になって仕方がありませんでした。ある先生が、楽しい理科実験をして子どもたちを魅了していれば、自分も理科実験を続けてしたり。また、ある先生が楽しそうな宿題プリントをつくって、成果を上げていれば、自分も同じようにしてみたり。学級のシステムづくりが上手な先生がいれば、まったく同様のことをしてみたり。

そうした模倣は、決して悪いことではありませんし、教師としての成長は、模倣に次ぐ模倣によってなる、と言っても間違いではないと考えています。

しかし、模倣の仕方が実は難しいのです。

模倣してよいものは、自分が「こういうのは好きだ」と感じられる物事に限ります。「あの先生には負けられない」「あんな風に実践すべきだ」「あの人がやっているから、自分もやろう」というような義務感による模倣は、必ず上手くいきません。

例えば、授業について考えてみましょう。

子どもにとって魅力ある授業とは、端的にいって教師が楽しそうにしている授業です。ところが、義務感による模倣には、この「楽しそうな教師の姿」がありません。だから同じことをしていても、さほど効果が上がらないということになります。

教師が、楽しそうに教えているということ。それを軽く見てはいけません。だから、自分の「好き」にとことんこだわって、仕事を進めるのです。

行動へのヒント

他人の仕事のうち、自分にしっくりとくることだけを模倣する。

6 会議に遅れる人を待ってはいけない。

ある年、校長の命によって、学校改善の策定をしたことがあります。その第一項目に、「会議は、いない人がいても定刻に始める」を、私は挙げました。

これには、異論もありましたし、校長も「場合によるのではないか」という意見を言っていました。

しかし、これに対して、私は強く異論を述べました。

私に言わせれば、「遅れている人を待って始める」というのは、最悪のシステム（?）だからです。

定刻通りに来た人は、定刻通りに来られるように努力し、自分の都合を後回しにした「正しく行った人」です。逆に、遅れてきた人は「間違った行いをした人」です。

「正しく行った人」が、「正しく行った」がために待たされ、損をする。逆に、「間違った行いをした人」が待ってもらえる、つまり得をするというのは、明らかに間違っています。

当然、「正しく行った人」が得をし、「間違った行いをした人」がペナルティーを与えられるシステムでなければならないはずです。

そうした正当な評価が、集団の秩序を生み出すことにつながるのです。

授業においても、私は、遅れてきた子を原則待つことをしません。

小さなことですが、集団の秩序を整えるには、大きなことです。

行動へのヒント

「定刻に始める」を貫く。

7

仕事は、その場主義でする。

仕事は、舞い込んできた順に、その場で処理するのがよいのです。

例えば、行事があります。その時、ふつうの人は、手ぶらで会場にいきます。

しかし、私は、ポケットに行事の反省用紙（あるいはメモ帳）とペンを入れていきます。

そして、その場で気がついたことを気がついた瞬間にメモしていきます。行事がおわったら、職員室によって、その反省用紙を担当者に提出すればいいのです。

これだけで、少なくても三つのメリットがあります。
・その場で仕上げるので、時間が節約できる。改めて書こうとすると、思い出す時間も含めて三倍はかかる。
・その場で書くので、切実な点について書ける。
・早く提出できるので、担当者に喜んでもらえる。
たかが行事反省の提出ですが、他のことも同様です。
その場でする仕事が一番モチベーションが高く、正確です。
例えば、テストの丸付けを、放課後やっているなんていうことはないでしょうか。
書き上がった習字の作品は、子ども自身にその場で掲示させているでしょうか。
ほんのちょっとした「節時」の積み重ねが、大きな時間を生み出すのです。

行動へのヒント　放課後にしている仕事のうち、その場でできる仕事を書き出してみる。

8

解決できる課題だけがめぐってくる。

生まれたばかりの赤ちゃんには、たくさんおっぱいを吸うことが要求されます。たくさん飲んで、長い時間寝ることができるようになった赤ちゃんには、離乳食を食べることが要求されます。離乳食を食べられるようになった子には、だんだんと大人と同じような食べ物が与えられるようになります。

それだけではなく、立つことや意味が分かるように話すことも、要求されるようになります。

そうして続けるうちに、やがては複雑な話ができるようになったり、字が書けるようになったりもします。

今の自分にとって少しだけ複雑な課題が用意され、それを解決していくうちに、自然と成長できるように、人生はなっています。

まさか生まれたばかりの赤ちゃんに、いきなり寿司を食べろという人もいなければ、もっと分かりやすく話をしなさいという人もいないでしょう。赤ちゃんには、赤ちゃんにふさわしい課題が、社長には社長にふさわしい課題が与えられます。

見方を変えれば、社長にならなければ、社長の悩みなんて感じることさえできないのです。社長になったから、社長の悩みを体験することができるわけです。

もし、あなたが今難しい課題にうち当たっているとすれば、それはあなたが、その課題にふさわしいレベルにまで辿り着いた、ということの証左なのです。

そして、あなたに与えられた課題は、今のあなたが少し頑張れば必ず解決できる課題なのです。

行動へのヒント　困難にうち当たったら、必ずできると思ってみる。

実践を意図的に省察できる装置―教育格言―

学習者に効率的に学ばせるには，学んだ後に学んだ内容や学び方について省察させるとよいということが分かっています。

つまり，「学んだことが何で」「どのように，その学んだことを獲得し」「学んだことはどのように役立ちそうなのか」「今後は……」というように考える活動が，学びの質を高めるというのです。

どうやら教師の仕事にもこのことが言えるようです。

ある研修会で若い教師が，「教育格言をつくるようにしたら，その日に指導したことがどうだったのか，反省できるようになった」と話してくれたのです。

たしかに教師は忙しいです。自分の実践をゆっくり振り返って省察する時間がなかなかとれないことも，同じ現場教師として私はよく分かります。

しかし，一番いけないのは「実践しっぱなし」です。自分の実践のうち，何を残して，何を捨てるのかを常に考えることが，教師には必要です

短い時間でもよいですから，教育格言をつくることを通して，自分の実践を楽しく振り返ることをしてみましょう。

第５章

対人関係

1 自分をゆるせばいい。

人間ですから、苦手な人、できれば話をしたくない人、そんな人の一人や二人いて当然です。

ところが、教師になるような人というのは、そうした感情を抱くこと自体に罪悪感を持っている人が少なくないようです。

他人に対して、そんな感情を持ってしまうのは、自分が未熟だからだというのです。

もちろん、ふれあう人すべて、誰彼関係なく、ゆるせなく思ったり憎んだりするのは問題です。

しかし、人生でどうしてもゆるせない人が、一人二人いてもごくごく自然なことだと、私は考えています。

なぜなら、世の中は、いい人ばかりではないからです。たくさんの人間がいれば、その中に困った人が少し交じっているというのが、ふつうです。

それなのに、全員を愛さなければならないなどというのは、おかしな話なのです。

もしも、悪い人が好きだったら、その人自体が悪い人なのですから。

間違っている人に、真っ当な怒りを持つあなたはふつうです。

罪悪感を持つ必要はないのです。

行動へのヒント　どうしてもゆるせない人がいたら、「ゆるせないのも仕方がない」とつぶやいてみる。

2

善人同士だから、もめる。

「ゆみ子おばさん」という叔母が私にはいます。

実は、ゆみ子おばさんは、けんかをおさめる天才です。

親戚が集まる機会に、親子、兄弟、従兄弟などの間で、小さなけんかや言い争いが始まると、そばで静かに見ていて、やがてひと言だけ、当事者二人に声をかけるのです。

「すみません、ほんとうに。私が悪いんです。」

もちろん、ゆみ子おばさんは、ただ見ていただけで悪いわけがありません。

しかし、ゆみ子おばさんは誰かがけんかしていると、決まって本当に自分が反省しているように、先のように言うのです。

すると、当事者の二人は、「いや、そうじゃない。悪いのは、ぼくらだ」と思うようで、けんかはすうっとおさまるのです。

なぜ人はもめるのか。

その理由は実は簡単です。

「ぼくは間違っていない」「私も間違っていない」、誰も彼もが善人だからなのです。

「ぼくが悪かった」「私が悪かった」という悪人同士であれば、決してもめることはないのです。

行動へのヒント

もめたら、「私が悪かった」と先に言う。

3 言ではなく、身で示す。

私が以前仕えていた校長に、M校長がいます。

M校長は、まず手を休めるということがない校長でした。雑巾を片手に汚れた場所を拭いたり、暇さえあれば廊下をモップがけする。退勤時には、人の使った茶碗までも洗い、ふきんできれいに拭いていました。

恥ずかしい話ですが、私が研究授業をするという前日の放課後に、汚れている私の教室をモップがけしてくださったこともありました。

毎朝、始業前には全教室をまわり、子どもたちに話しかけていました。

また、地域の交通安全運動があれば、全箇所を自転車でまわってお礼を言っていました。

職員の中には、そこまでする校長に、「かえって気を遣ってしまう」と言う者もいたように記憶していますが、私はまったく逆でした。

少しでも校長の手を煩わせないようにしなければならないと思い、廊下のモップがけをしたり、校長がするように、退勤時には茶碗を整理したりするようにしました。そうしたことが喜びにも似たものになっていきました。私は、校長の姿から少なくない影響を受けました。

ところが、私は校長から「○○をしなさい」と言われた記憶がまったくないのです。それどころか、校長に「私がしますから」と申し出ると、「いやいや、これは僕の趣味だから」と決して人にはさせませんでした。

私は、人を動かすということはこういうことなのだなあと得心したのでした。もしも、言葉で「山田君、こうしなければならないよ」などと言われれば、私は一応行動したでしょうが、それは喜びにまではならなかったでしょう。

行動へのヒント

人を変えたければ、言葉ではなく、ひとつの行動をする。

4

一切の言い訳を断つ。

「先生、みんな、言いたいことがたくさんありますから、保護者会を開いてください。」

私は、自分のいたらなさから、保護者の信頼を失い、夏休み前に、こう求められたことがあります。私には、上手く学級を運営できていない自覚がありましたから、いよいよ来たなという感じでそれを受け止めました。そして、保護者会に向けてひとつの決心をしました。それは、「何を言われても決して言い訳しない、反論しない」ということでした。

保護者は、それまでいろいろな不信や不満を募らせていたでしょうし、何より子どもたちのことが心配だったのでしょう。多くの方が集まり、多くの苦言を私におっしゃいました。中には、誤解と思えることもありましたが、「子どもがそう言っているのなら仕方がない」「子どもがそう感じているのなら仕方がない」と考え、「分かりました」「申し訳ありません」を私はくり返しました。そして、最後に「二学期は、必ず改善します」と約束したのでした。

その夏休みに、私は約束を果たすべく、何冊もの教育書、雑誌を読みあさり、さらに複数の教育セミナーにも参加しました。

懸命の努力と万全の準備をして、二学期の指導を始めました。すると、幸いなことに学級の状況は、少しずつよくなっていきました。そして、学芸会の折、劇の発表がおわると、保護者が私に「先生、笑わせてもらったし、泣かせてもらった。よかったあ。ありがとうございました」と声をかけてくださったのです。

目を見ると涙で真っ赤にはれていました。私は、ほっとしました。そして、あの時言い訳をしていたら、こうはなっていなかっただろうなあと思ったのでした。

行動へのヒント

苦言には「分かりました」「申し訳ありません」だけを。

5 苦言は宝。

若いころにどうしても苦手な先輩というのがいました。その先輩は、私のやることなすことに注意を与えました。

授業の進め方のような教室での営みはもちろん、職員室での振る舞い、保護者への電話対応など、およそ学校にいる間の私のすべてにおいて細かく注意を与えるのでした。例えば、学級通信の書き方も、テーマから書きぶりにいたるまで、細かな点にまで注意を与えました。

私は、最初のうちこそ、素直に聞いていたのですが、悲しいかな自分の未熟さから、その先生を避けるようになりました。苦言も、表面的には聞いていましたが、反発を感じるようになったのです。

やがて、その先輩教師が転勤していく時には、安堵《あんど》さえ覚えました。

ところが、その先輩がいなくなってからというもの、不思議なことに気づいたのです。自分が困った状況になると、あの先輩ならなんと言ってアドバイスするだろうかと考える自分がいるのです。その上、後輩に相談を持ちかけられると、先輩に教えられたように、私もアドバイスするといった具合でした。

私はそうなってから初めて気がついたのです。先輩の言葉一つひとつが私を育て、私をつくってくれていたのだということに。

しばらくして後、「今の私があるのは、先輩のおかげです」という意味の手紙を添え、初めての単著をおそるおそる送ることにしました。

するとすぐにお電話をかけてきてくださり、大変喜んでくれたのでした。

人をつくるのは、称賛だけではなく、時には耳に痛い苦言であることを、私は身をもって知ったのでした。

行動へのヒント　苦言にこそ感謝する。

6

最高の処世術、それは人の嫌がることを率先してやるということである。

私の親しい後輩にK先生がいます。

彼はとにかく人のために働くのをいとわない人です。

例えば、誰の仕事でもない仕事というのが学校にはあります。そうした仕事を率先してするのが彼でした。

人よりも早く出勤してきて、若い人からベテランまで、もちろん管理職にも一人残らずお茶を出すのは彼でした。

これは、簡単なことのように思えますが、毎日欠かさずするというのは、なかなかできることではありません。

また、グラウンドのサッカーゴールを片付けますよというような時、真っ先に軍手をはいて外に出ていくのは彼でした。乱れている教材室を誰に頼まれたわけでもないのに、片付けてくれていたのも彼でした。

学校で、最も人の嫌がる仕事をしている人は誰だろうと不意に尋ねられれば、十人に九人が彼の名前を挙げたでしょう。

そして、心の中でいつも彼に感謝していました。

だから、彼がたまに周りに提案することに対して、それがたとえ大変なことでも、異を唱える人はいませんでした。

もちろん、もともと理にかなわないことを言っているわけではありませんので、当然と言えば当然なのです。しかし、彼が何かをしましょうと言うと、彼に恩返しができると、ここぞとばかりに喜んで人は働くのでした。

私より若い彼ですが、学ばされることが実に多い彼です。

行動へのヒント

学校で一番嫌な仕事を率先して行ってみる。

7 チューニング力を高める。

何か困ったことがあると、「あの人に相談したいなあ」と思える人がいる一方で、「あの人には相談しにくいなあ」と思える人がいます。

これは、相談された人がどんな態度をとるかということによるようです。

相談されると、「大丈夫だよ、元気出せよ」というアドバイスをするタイプ。

このタイプの人に相談すると、一見励まされているのでよいようですが、もしも「大丈夫だ」とはじめから思えるのなら、相談はしていないわけです。

また、「たいしたことないよ。俺なんかさ〜」と言う人もいます。このタイプの人に相談すると、まるで自分がくだらないことで悩んでいるダメな人間のような気になります。相談しているのにかえって落ち込んでしまいます。

では、どんな人が相談しやすいのかというと、話を聞いた後、静かに「そうそれは大変ね」と言ってくれる人です。

こういうタイプの人に、なぜ相談しやすいかというと、ひと言で言えば、相談している人の波長やペースに、その人が合わせてくれるからなのでしょう。

こちらが落ち込んでいれば、静かな雰囲気をつくり、決して否定せずに聞いてくれる。こういう人には、やはり話しやすいものです。

そして、この相手の波長やペースに合わせる能力は、人間関係を安定したものにするのに重要なことだと、私は考えています。また、この能力をチューニング力と私は呼んでいます。つまり、相手に合わせる力です。

これは、同僚との関係でももちろんですが、対子ども、対保護者との関係でも実に役立ちます。

行動へのヒント

話している相手の声のトーン、調子、表情をまねてみる。

8 正義感の強すぎる正義ほど手に負えないものはない。

時に正しすぎる人というのがいます。

相手の間違いをゆるせない人、道理にかなわないことを決してゆるせない人、そういう人がいます。

周りの人が、「そこまでうるさく言わなくてもいいじゃないか」と言おうものなら、それはもう大変なことになります。

「私は、正しいことを言っているのに、なぜそんなことを言われなければならないのだ。間違っているのは相手の方だろう」と言うのです。

まったく、正義感の強すぎる正義ほど手に負えないものはありません。

たしかに、正しいことを主張することも、相手の間違いを正すのも悪いことではありません。しかし、ひとつだけ間違っているのは、正義は人を不快にしたり、他人をやっつけたりするためにあるのではないということです。

もし、それまでも否定するのなら、「あなたは、人を嫌な気持ちにさせるために正しいことを主張しているのですか」と問えばいいのです。

正しいことを主張したければ、やはり正しい伝え方があるのです。

行動へのヒント

正しいと思うことを言う時には、「間違っているかもしれないのですが……」「私の勘違いかもしれないのですが……」と言う。

格言は修正していくもの

格言は一度つくったら，何度も修正を加えていくとよいでしょう。

そうすることによって，格言は自分にとってよりしっくりくるものとなります。

また，修正したからといって，以前の格言を古いもの，間違っているものとして削除してしまってはいけません。

それらも，自分にとっての「真理」に到達していく道のりとして保存しておくのがよいのです。

あとで見返すと，自分自身の葛藤，試行錯誤を見て取ることができるでしょう。

そこにあるのは，自分自身の成長記録です。

私も，若いころは「人生は，すばらしき偶然の連続」と考えていましたが，経験を積むうち「人は自らふさわしい必然を得る」と考えるようになりました。

つまり，自分の生き方に見合ったものを人は手に入れ，それは必然なんだと考えるようになったのです。

こうした自分の考えの変遷を後から見返すのは実に楽しいものです。

第6章

自分自身

1

寄り添う教師に、子どもは寄り添う。

私は、若いころから日記指導を続けて来ました。子どもたちの日記を読み、コメントを書くのです。

すると「どうしても文章が書けない子っているよなあ」というあきらめが口から出そうになります。しかし、それを押し込めてせっせとコメントを書きます。始めは、「もっと長く書け」「ここを詳しく書け」と突き放した指導をしていました。しかし、子どもの日記は変わりませんでした。

そこで、作戦を変更しました。ほめられることは、なんでもほめ、「教えてくれてありがとう」という言葉を使い、寄り添う指導にしたのです。

でも、お世辞は嫌いでしたから、嘘でほめることはしませんでした。これがなかなか難しいことでした。嘘がつけませんから、小さなことにでも感動し、すばらしいと思える自分になるしかないのです。

お世辞が嫌だから、ほめないのではないのです。お世辞が嫌いだから、小さなことに気づける自分になろうと思ったわけです。

四月に三行しか書けない子がいました。それも毎日話題は似たような犬の話でした。私は、あきらめずひたすらほめました。変化は見られませんでした。ところが、秋にその子の大変かわいがっていた犬が亡くなりました。その子は、改行のない文章で、大学ノートに七ページの日記を書いたのでした。

あの時、突き放した指導を続けていたら……彼は私に日記で愛犬のことを教えてくれたでしょうか……。

私は、その日記のコメントに「ただただ悲しくて、上手くコメントできません」と書きました。

後年、その子は、私の父が亡くなったことを新聞で知り、真っ先にメールをくれたのでした。

行動へのヒント　子どもを指導する前に、寄り添うことを考えてみる。

2 力があるなんて思っているうちは、まだまだ。

授業をすることに慣れ始めたころ、サークルの仲間とひとつのことを試してみることにしました。

それは、自分の授業をビデオで録画してみるということでした。

私は、自信のなさを口にしましたが、教材研究の仕方も分かったと思っていたころでしたから、実はかなりの自信がありました。

ところが、そのビデオを見て私は愕然としました。

自分で、それなりにやれているだろうと思っていた思いは、見事に打ち砕かれました。

ガチャガチャと落ち着きのないしゃべりや動き、視線は子どもと合っておらず宙を漂っているという感じでした。

また、無駄な指導言の多さにも驚きました。

その時にビデオを見ていた仲間からも、当然多くの批判をもらいました。

それからというもの、私はしばしば自分の授業を録音して聞くようにしました。

自分自身への評価というものが、実に頼りないものだということを知ったからです。

そして、自分自身を客観的に見ることができる研修方法を続けることでしか、自身自身を改善できないと考えたからなのです。

行動へのヒント

自分の指導を録音・録画してみる。

3 自己改革はマイナーチェンジで。

私は、若いころから、大変非力な教師だという自覚がありました。

ですから、たくさんの本を読み、教育研修会にも多く参加してきました。

そうすることで、自分を変革し、子どもたちにとって価値ある教師になろうと考えていたのです。

そして、ある年、私はとても感銘を受けた教育の方法に出会いました。

その方法を早速実践し、私は成果を楽しみにしていました。

ところが、成果が出るどころか、子どもたちの様子がどうもおかしいのです。

いきいきとしていないばかりか、私に対する不信感を持ってさえいるような雰囲気を感じたのです。

そこで、率直に私は子どもたちに「いったいどうしたのか?」と訊ねてみたのです。

すると、子どもたちは、私が今行っている方法は、以前私が言っていたこととずいぶん違っていて、つじつまが合わないというようなことを言い始めたのです。

私はそれを聞いて、大変反省をしました。私は、子どものことを蔑《ない》ろ《がし》にして、自分が成長することだけを考えていたのです。

たしかに、教師である自分自身が成長することが子どもたちの成長につながるという論理は、間違っていないように思います。しかし、だからといって、子どもに納得できないことをしていいはずがありません。

教師が、今までの方法を変える場合には、その変える内容をできるだけ小さくし、あわせて子どもたちに納得のいく説明をする必要があることを悟ったのでした。

行動へのヒント　方法の変更は小さく、まずはひとつに絞ってする。

4 うまくいかないなんて当たり前。

「子どもの前に立ったら、初任者も、ベテランもない」という言葉があります。

率直に言って、私はこの言葉には反対です。

たしかに、経験年数に関係なく、子どもたちを満足させられる指導が、教師には求められます。心意気としては、この言葉の意義は分かります。しかし、通常、初任者が中堅やベテランの教師よりも、よい指導ができるということはありません。

ある時、私は親しい理容師に、「理容師は専門学校を出たら、すぐにお客さんの髪の毛を切ることができるのですか」と訊ねました。

その理容師は、まさかという声の調子で、「早くて三年、長い人だと十年近くかかりますね」と答えたのです。

もちろん、違う職種を単純に比較することはできません。しかし、改めて考えてみると、大学を出たての人間が、すぐに子どもの前に一人で立ち、ベテラン同様の質の業務を求められるということの方が、尋常ではないでしょう。

だからといって、もちろん初任者や若い先生方に、いいかげんな質の仕事をすることを、私は認めているわけではないのです。しかし、教師という仕事は難しい仕事なのです。その難しい仕事に対して、始めから高い質の仕事を求められているわけですから、うまくいかなくて当たり前なのです。

ですから、今仕事がうまくいかなくて、悩んでいる先生方、ぜひ自分がダメだなんて思わないでください。あなたには能力がなかったのではなく、経験がなかったのです。うまくいかなかったことに落胆するのではなく、今の経験を活かすべく、成功や失敗の原因を分析することが大切です。

行動へのヒント　成功しても失敗しても、その分析をする。

5

「ちょっと調子が悪い」という段階で休め。

ある年の七月、私は、割と高い熱と強烈な扁桃腺の痛みに悩まされました。

それでも、おそらく風邪だろうということで、風邪薬を飲み、通常通り出勤していました。

また、プール学習でも、小さな学校であるため、他の職員に迷惑をかけたくないと思い、薬を服用して指導していました。

ところが、病状はよくなるどころか、熱は四十度近くなり、扁桃腺の痛みが激しく、まったく食べ物をとれなくなってしまいました。

そこで、病院にかかったところ、ウイルス性の扁桃炎ということが判明し、一週間安静にし、毎日点滴に通いなさいという医師の指示をいただきました。

医師には、ここまでなる人は珍しいよ、何も食べられないだろうと言われ、入院も勧められましたが、それは断り、自宅療養をしました。

　結局仕事を一週間休む羽目となり、その時期作成しなければならなかった通知表も、他の先生に書いてもらうという有様でした。

　初めての一年生担任でしたので、通知票を自分で書いてあげたかったという思いもありましたが、仕方がありません。また、迷惑をかけた先生方にも申し訳なく思いました。

　早い段階で医師の診察を受けていればと悔やみましたが、あとの祭りでした。

行動へのヒント

忙しい時期は特に、通常より一日早い静養を。

6 子どもに向けたベクトルを、自分に向ける。

ある放課後、さっき「さようなら」を言って帰っていった子どもたちが、慌てて戻ってきました。

そして、目を大きく見開いて、私にこう言うのです。

「先生！　先生の下駄箱の靴きれいだね！」

私はなんのことを言っているのかとっさには分かりませんでした。「靴は新しくしていないしなあ」なんて考えていました。

すると、子どもたちは、理解に苦しんでいる私の表情を見て取ってこう言いました。

「せ・ん・せ・い・の・く・つ、ちゃんとそろえて、下駄箱に入っていたよ。

先生って、偉いねえ」

　これで意味が分かりました。

　私の靴がきれいに下駄箱に収められているのかを、点検したというのです。

「なぜ、そんなことをするの？」と尋ねると、子どもはこう答えました。

「先生、いっつも私たちに言うでしょう。『履き物はそろえる』って。だから、先生はどうかなと思ったの。他の先生の分も全部見たんだよ。先生はすごいね。ピタッとそろっていたよ」

　子どもの話を聞きながら、私は内心ヒヤヒヤしました。ほとんど無意識に靴を入れているので、どのように入れたのか正直に言うと記憶がなかったのです。ですから、「ピタッとそろっていた」という子どもの言葉に胸をなで下ろしました。そして、教師も子どもを見ているけれど、それ以上に子どもは教師を見ているんだということを改めて感じたのです。

　ですから、せめて自分で子どもに向けて言ったことくらいは、自分でできる教師でありたいと強く思ったのです。

行動へのヒント

子どもに求める前にまず自分に求める。

7 ぶれる生き方の方がよい。

世間では、「ぶれない生き方」が称賛されることが多いです。

「首尾一貫」という言葉があって、それも暗黙によい評価語として使われることが多いです。

私はそうした生き方にとてもあこがれます。しかし、一方で自分にはできないなあとも思います。また、ぶれない生き方というのが、それほどよいものなのかなあと疑ってもしまいます。ぶれないということは、始めから真理が分かっていて、迷いや試行錯誤が少ないということでしょう。

そもそも、そうした生き方は教師に可能なのでしょうか。

教師として生きている以上、私たちは子どもへの指導の仕方で迷うこともあるし、試行錯誤することも当然あるわけです。

なぜなら、まったく同じ子どもに二度出会うということがないからです。

また、昨日うまくいった方法が今日も適《かな》った方法であるとも限りません。日々の子どもの姿に合わせていろいろな指導を試しながら仕事をすることが現場では求められます。

つまり、昨日よい方法だと確信したものを、次の日には自ら否定しながら進むのが教師の仕事というものです。

その上、私たちは、子どもたちの試行錯誤をゆるし、推奨する立場にもあるわけです。

その教師が、自ら試行錯誤することを否定するのはおかしなことです。

もっと迷って、もっと試行錯誤して、もっとぶれながらでも進んでいく自分であってもよいでしょう。

行動へのヒント　迷うことを恐れない。

8 理想を持たない教師は、子どもを育てることができない。

「理想のない国は亡ぶ」とよく言われます。

これと、同じことが学級にも言えます。

学級は、教師が理想の子ども像を持っていないと崩れるのです。しかも、その子ども像は具体的でなければなりません。はっきり言うと、学級経営案に書く程度の「子ども像」では、まったく役に立たないと思っています。

例えば些細な瞬間。授業の始まりは、どういう状態で子どもが教室にいるのか。ノートは開いている、教科書も開いている、日付は入っている、最初の問題番号くらいは書いてある、目を見開いて教師の口元に集中して指示を待っている……。このくらいはイメージできなければいけません。

その具体的なイメージに向けて、子どもを育てるのです。

さて、私は一時期授業技術、授業のネタについて、重点的に勉強したことがありました。人一倍勉強しました。

しかし、自分の学級の子どもたちは育っていませんでした。

なぜでしょうか。

簡単な理由でした。私に、理想の子ども像に向けて育てようという意識がなかったからです。私がしている勉強は、私が授業を上手く進めるための勉強であって、子どもを育てるための勉強ではなかったからなのでした。

理想の子ども像があって、子どもの実態があります。その接点にあるのが、教育方法であり、教育のネタだったのです。

たくさんの優れた教育技術も、教師の教えやすさのためではなく。子どもの育ちのために使わなければ何の意味もないのでした。

子どもを忘れた教育研修はただの自己満足にしか過ぎないのです。

行動へのヒント　教えるではなく、育てる気持ちで子どもの前に立つ。

教育人生を豊かにしてくれるもの

教師は，教師という仕事に打ち込むべきだと私は考えていますが，教師だけに打ち込んでいてはいけないとも考えています。

スポーツや芸術などの社会教育，また釣り，アウトドアなどの趣味にもぜひ熱中したいものです。

それらに打ち込むことが，教師としての幅を広げることになるのです。

休みの次の日は，あなた自身が熱中していることを，子どもたちにぜひ語って聞かせてあげてください。

子どもたちは，その話に熱心に耳を傾けることでしょう。

また，趣味に熱中することが，子どもの教育に直接影響を及ぼさなくても，あなた自身に活力を与えてくれることは間違いありません。

本業で立ちゆかない困難な状況に出会った時に，趣味に，また趣味で出会った人に救われることもあります。

あわせて，趣味の世界に存在する「言葉」や「格言」に教えられたり，救われたりすることも少なくありません。

第7章

生き方

1 最低はいつも最高につながっている。

私は、「いつもニコニコしていて穏やかに過ごされていますね」と声をかけていただくことが多いです。

ところが、こんな私にも、思い悩むことや障壁のあまりの高さに一歩も前に進めないと感じてしまうことはあります。

二度目の転勤の時には、まさしくそうした状況でした。

四年ぶりの学級担任復帰、学校規模の違い、子どもの質の違い、不登校児童への関わりの難しさ、自分の指導観の転換を迫られる状況が続きました。

職場では、なんでもないように過ごしていましたが、正直に言ってかなり辛い状況が続きました。

サークルの解散も考えましたし、研修会での登壇もほぼすべて断りました。

そんな時、ある先生が「山田さん、最低はいつも最高につながっているから、大丈夫」と言ってくれたのです。

私は、この言葉に救われました。

今が一番苦しい時、どん底にいるなら、あとは上にあがるしかない。

そして、どん底だとするなら、そこから数ミリでもよくなれば、それは自分の中では最高の上昇率なのです。

最低はいつも最高につながっている。

行動へのヒント　辛い時、苦しい時は、「今がどん底。後は上がるだけ」とつぶやく。

2

「限界」は自分の心がつくる。

ある若い先生に、自分のサークル主催の研修会を勧めている時です。職員室にいたベテランの先生が、ニコニコしながらその若い先生にこう言ったのです。

「先生ね、山田先生っていう人はねえ、物事を突き詰めて、どこまでも進んでいく人だから、気をつけてね。」

その言葉は、冗談めかしていながら、私のことを高く評価してくださっているようで、大変嬉しかったです。

たしかに、私はとことんまで物事を突き詰めるタイプです。自分の興味・関心を追究している時、私には常識や限界などなくなってしまうのです。そのことに集中しているので、困難な要素が見えなくなるという方が正しいかもしれません。

私が当時赴任していた地域は、北海道でも札幌などの中心部から、かなり外れた土地ということもあり、大規模な民間の教育研修会などが成立するような状況ではありませんでした。

ところが、そこで、私は、任意参加、百名規模の教育研修会を開こうと考えていました。周囲の方からは、「成立するわけがない」「人が集まらない」と言われましたが、蓋を開けてみれば百名を超える方が集まってくださいました。

また、その後、「どこまでも進んだ」結果、現在は三百名規模の研修会も開催しています。

つまり、やろうと思えば、できないことはそんなに多くないのです。それができないのは、始めに「できるはずがない」と自分が決めてしまうからなのです。できないのは、周囲の状況ではなく、実は自分の頭の中の「常識」なのです。

行動へのヒント

新しいことに取り組む時は「絶対できる」と信じる。

3 うまく立ちゆかない状況こそが、進化の母。

職場が変わり、目の前にいる子どもも地域も変わると、仕事がうまく立ちゆかない状況に教師はしばしば陥ります。そうした時、教師は二つのタイプに分かれます。

うまくいかない原因を自分の側に求め、自分を変えるタイプ。もうひとつは、今までの指導をくり返して、うまくいかない原因を他へと転嫁するタイプです。

無論、前者の教師が成長していくことは間違いありません。

かく言う私も、職場が変わるたびに、困難な状況に陥りました。

初めての異動では、九年間続けてきた学級担任を外れ、研究部長という職務を任されました。

その時は、まず自分が何をしてよいのかが分からないというところからの出発でした。直接子どもたちから必要とされないという虚無感にさいなまれたものでした。

そこで正しいかどうかは分かりませんでしたが、私は、廊下のモップ掛けから始め、人知れず職員トイレを掃除し、朝玄関に立って子どもを大きな声で迎え、自分が関わるＴＴや少人数指導の充実に努めたのでした。

そうしているうちに、担任の先生方をどうサポートすれば、先生方が子どもたちによい指導ができるのかということを深く考えるようになったのです。それまでは、「自分がどう指導するか」が問題でしたが、それ以降は「どうサポートするか」が問題になりました。そうしたことが、それまで考えたこともなかった「学校づくり」の視点を、自然と私に持たせるようになりました。

うまく立ちゆかない状況こそが、自分を進化させるのです。

行動へのヒント　うまくいかない時は、何を変えれば状況が変化するのかを考える。

4 職場で受け容れられてこそ、実践提案には意味がある。

以前出会った先生に大変実力のある先生がいました。その先生は、授業が上手で、教室も伸びやかで素敵な子どもたちを育てていらっしゃいました。ところが、その先生は、残念ながら周りの先生方には受け容れられていませんでした。

その方の実践に何か問題があるというわけではありませんでした。むしろ一目も二目も置かれていました。しかし、その方の物言いや態度が周囲の先生方を不快にして、受け容れられていなかったという状態でした。例えば、自分の実践を鼻にかけたり、他人の実践を激しく批難するということをくり返す。

また、仕事を頼まれると「それは私の仕事ではない」と、かたくなに断り続けたりするのでした。

もちろん、道理として何か間違っているというわけではないのです。しかし、周囲には「付き合いにくい」と感じさせてしまう方だったのです。

そのため、その先生がされている実践は「すごい」と思われていても、学校の中でさえ広まることはありませんでした。

その先生に言わせれば、「だから、教育現場はダメなんだ。本当によいものが伝わらない」ということなのでしょうが、周囲から見れば「広まらないのには、広まらない理由がある」というところでした。これはなんとも残念なことでした。

本当に大切なことは、「よい実践が広まる」ということ。多くの子どもたちがその指導の恩恵を受けられるように。そのためには、まず自分の現場で自分の実践や人柄が受け容れられること。遠くの誰かに受け容れられる前に、まずは職員室の隣の先生に受け容れられることが大事。

行動へのヒント　まずは、同僚に受け容れてもらえる自分になる。

5

いのちまでは取られない。

私は、今も非力な教師ですが、若いころはもっとそうでした。

ですから、保護者から苦言や指摘をいただくこともありました。

ある時、自分の子どものことで、保護者が放課後学校に来たいと電話で知らせてきました。

その口調は、明らかに苦情を言いに来るというニュアンスでしたし、私には思い当たる節もありました。

内心落ち着きませんでしたが、平静を装って、私は管理職にその旨を伝えました。

しかし、おそらく不安が顔に現れていたのでしょう。

校長先生が、「山田さん、心配だろう。でもね、いのちまでは取られないから。苦情を言われるって思わないで、親に教えてもらうって思いな」とおっしゃったのです。

このひと言で、胸のつかえのようなものが、胃薬でも飲んだようにすうっと消えたのでした。

その問題に顔を近づけすぎていた自分が、すうっと高い視点で問題を見つめることができたのです。

「そうだ、どんなに激しく責められても死ぬようなことはない」と。

そして「未熟なんだから、教えてもらえばいいんだ」と。

行動へのヒント

辛いことがあったら、「いのちまでは取られない」と唱える。

6

過去は変えられる。未来は変えられない。

多くの人は、「過去は変えられない。未来は変えられる」と言います。

たしかに、もう起きてしまったこと、やってしまったことは、過去に戻って変えることはできません。

しかし、変えられないから、変えることができるのです。

風邪をひいて、一日学校を休んでしまった。

そんな時多くの人は、「こんな時に休んで、みんなに迷惑をかけて、本当に申し訳なかったなあ」と思います。

しかし、「みんなに迷惑はかけてしまったけれど、健康管理の大切さに気づかされたな。これは、よかったなあ」と考えることもできます。

つまり、過去の事実は変えられませんが、過去への認識は変えられるのです。

そして、どうせ変えられない過去の事実ならば、プラスに認識した方がよいに決まっているのです。

一方、未来は変えられません。

なぜなら、未来の成果は、現在の努力に見合う分しか与えられないからです。

未来を変えたければ「いま」を変えるしかないのです。

行動へのヒント　「起きてしまったこと」を、すべて頭の中で、「〇〇だから、結局よかったのだ」と置き換える。

7
辛いことに耐えることはない。泣きながら前に進めばいい。

児童の保護者が亡くなられたという経験が私にはあります。知らせを聞き、私は教頭とともに、その子の家に向かいました。焼香をしたあと、私は彼の部屋にすぐにいきました。

何を言えばいいのか、どうすればいいのか、部屋のドアノブを握るまでに頭の整理がつきませんでした。しかし、私は、とにかく部屋に入りました。

その子は学習机に座り、呆然としていました。そして、私の顔を見るなり、こらえきれぬようにしくしくと泣き始めたのです。

私は、「めそめそ泣くな、こんな時はもっと大きい声で泣いていいんだ」と、とっさに言いました。

彼は、大きな声で泣きました。

私は、彼の肩に手を置くのが精一杯でした。

その後、私は彼からメッセージをもらいました。

そこには「山田先生は優しい。泣いていいと言ってくれたから」と書いてありました。

しかし、優しいから言えたのではないのです。私は「泣け」としか言えなかったのです。

教師としての経験もある程度積み、今だったら何と言ってあげられただろうかと思うことがあります。そして、その答えは結局「あの時と同じ」です。

辛いことに耐えることはないと思うし、うんと泣いてもよいと思うのです。

泣きながらでも前に進まざるを得ないのが人生なのですから。

行動へのヒント

泣いてしまったら、泣いてしまった自分をゆるしてあげよう。

8 人生は五十勝四十九敗一分け。

人生は、対立の連続。

そして、世間は異論に満ちています。

朝食は、ご飯がよいか、パンがよいかということから、子どもの指導をどうしたらよいか、人生の選択をどうしたらよいかということまで。

人生において、人との軋轢は絶えません。

そして、どんなに人生をうまく送っていると見える人でも、すべてにおいて一人勝ちということはありません。

成功者と呼ばれる人ほど、困難な状況に立ち会ったり、他人からの誹謗中傷に耐えたりというエピソードが多いものです。

そうした困難な状況で、人は、どうすればよいのか。

それは、本質でないことは、どんどん譲るということです。

人との対立において、自分が勝とうとしすぎると、あとから手痛いしっぺ返しがあるのです。

こう書くと「望みすぎるとバチが当たる」というようなオカルトな感じがします。しかし、そうではありません。人との対立場面で譲らず、常に勝ち続けると、肝心な時に周囲の人がその時の遺恨を晴らそうとするのです。

だから、小さな勝ちを譲り続けることが人生においては大事なのです。小さな勝ちはいずれ肝心な場面での大勝となって、あなたに返ってきます。

人生の最後に勝つのは、きっとあなたなのです。

行動へのヒント

人との議論で勝ちを譲ったら、勝ちをひとつ貯金したと考える。

教育格言の効き目 7

自分の格言に教えられる

教育格言をつくったら，よく目にするところに掲げ，たびたび自分で見返してみましょう。

人は忘れる生き物です。

一度失敗し，そのことを格言にしたからといって，それで二度と失敗しないということはありません。

以前の苦い経験にも関わらず，ついつい失敗をくり返してしまうものなのです。

私も，子どもとの関係が順調に進んでいる時に限って，ついつい甘えが出てしまい，その関係を崩してしまったことが何度もあります。

そのたびに自分自身の格言を読み返し，「今度こそ」と失敗経験を胸に深く刻むのです。

そんな時に，格言を読むことが，失敗経験の記憶をより強固にし，二度と失敗しないようにしようという意志もたしかにするのです。

「失敗しない人はいない。そして，失敗を改めようとする者を愚者とはいわない」というところでしょうか。

格言で既存の考えをとらえ直す

自分で格言をつくる時には，すでに世にある格言や金言と同じ意味の言葉をつくっても仕方がありません。そこで，よりオリジナルな発想で格言をつくるように意気込みます。

しかし，それは実は簡単ではありません。

そこで，私はすでにある格言や金言の意味を真逆にしたりずらしたりしたら，どうだろうと考えてみるようにしています。

例えば，「失敗は成功の母」という言葉があります。この言葉を思い浮かべ，「失敗すれば自然と成功できるのか」と自分で問うてみます。

すると，お分かりの通り，そんなことは決してありませんね。

そこで，「失敗が成功を生むのではない。失敗を改めようとする努力が成功を生むのだ」と考えなおします。

このような方法で，格言をつくるということは，既存の考えをとらえ直し，真理に近づくということのきっかけにもなるのです。

おわりに

ほんの軽い気持ちで、ブログに教育格言を書き連ねるようになりました。いつの間にかその数も多くなりました。

以前の勤務校で私が初任者指導を担当した若い先生が、「ときどき読んでます。あのころのことが鮮明に思い返されます。そして、救われます」とおっしゃってくださったことがありました。

また、私が主宰しているサークル「北の教育文化フェスティバル」の研修会では、幾人かの先生方に、「よく見せていただいています。最近更新されませんね」と声をかけていただいたこともありました。

それでも、私は、これらの教育格言が人の役に立てるとはあまり感じていませんでした。

つまり、ブログに綴った教育格言はごくごく個人的なものと認識していたのです。

ところが、半年ほど前に、黎明書房の編集者から「ぜひ教育格言の本を」と依頼を受けたのです。

私は、当初二の足を踏んでいましたが、出版のプロが勧めるのだから、きっと教育界にも、私の人生にとっても、何かしらの意味があるのだと、執筆、出版に関することを丸ごと受け容れることにしました。

いま、本書を書き上げてみて思うのは、「この本が自分にとって、とても大切だ」ということです。

それは、本書に自分の失敗や試行錯誤をできるだけそのまま書きこんだからです。つまり、本書は、私という教師の成長記録でもあるのです。

あわせて、私のみならず手にとってくださった読者にとっても本書が大切な本となれば、これほどの喜びはありません。

このような機会を与えてくださった黎明書房社長武馬久仁裕氏に、心から感謝申し上げます。また、編集を担当してくださった齋藤靖広氏にも心からお礼申し上げます。

著者

著者紹介

山田洋一

1969年北海道札幌市生まれ。北海道教育大学旭川校卒業。

2年間の幼稚園勤務の後，公立小学校の教員となる。

自ら教育研修サークル「北の教育文化フェスティバル」を主宰し，柔軟な発想と，多彩な企画力による活発な活動が注目を集めている。

ホームページ　http://www1.ocn.ne.jp/~naonami/

〈主著〉

『発問・説明・指示を超える説明のルール』（さくら社）

『発問・説明・指示を超える技術タイプ別上達法』（さくら社）

『発問・説明・指示を超える対話術』（さくら社）

『学級経営力・中学年学級担任の責任』（共編著，明治図書出版）

『子どもとつながる教師・子どもをつなげる教師』（黎明書房）

教師《きょうし》に元気《げんき》を贈《おく》る56の言葉《ことば》

2012年4月20日　初版発行
2012年12月31日　2刷発行

著　者　山《やま》　田《だ》　洋《よう》　一《いち》
発行者　武馬久仁裕
印　刷　株式会社　太洋社
製　本　株式会社　太洋社

発　行　所　株式会社　黎《れい》　明《めい》　書《しょ》　房《ぼう》

〒460-0002　名古屋市中区丸の内3-6-27　EBSビル
☎052-962-3045 FAX 052-951-9065　振替・00880-1-59001
〒101-0047　東京連絡所・千代田区内神田1-4-9
松苗ビル4F　☎03-3268-3470

落丁本・乱丁本はお取替します　ISBN978-4-654-01872-7